LE MAL

ET

LE REMÈDE.

AVIS.

Pour répondre à une proposition qui, quoiqu'informe par son énoncé, touche à tout par son objet, il aurait fallu plusieurs mois et un volume: M. Regnault de Warin n'a eu que cinq jours et quelques feuilles. C'est ce qui, sans les justifier cependant, explique les fautes ou les erreurs qu'il a pu commettre : erreurs et fautes de rédaction et de style toutefois ; le temps ne rectifierait pas celles de la conscience contre les principes quand on les porte dans son cœur.

18 décembre 1816.

LE MAL

ET

LE REMÈDE;

DISCOURS OU L'ON PROUVE

CONTRE

M. DE CHÂTEAUBRIAND:

1° QUE LES ÉLECTIONS DE 1816 ONT ÉTÉ LIBRES;
2° QUE LES DÉPUTÉS SONT ÉLUS LÉGALEMENT;
3° ET QUE LA REPRÉSENTATION NATIONALE EST LÉGITIME.

PAR M. REGNAULT DEWARIN.

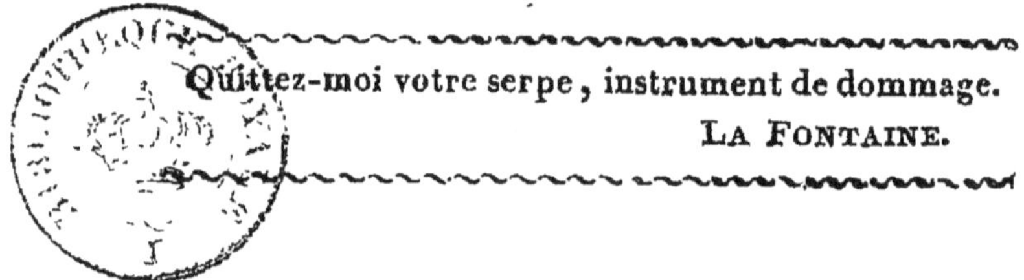

Quittez-moi votre serpe, instrument de dommage.

LA FONTAINE.

PARIS,

CHEZ { PLANCHER, RUE SERPENTE, N° 14;
EYMERY, RUE MAZARINE, N° 30;
DELAUNAY, AU PALAIS-ROYAL.

DÉCEMBRE 1816.

DE L'IMPRIMERIE DE Mᵉ Vᵉ JEUNEHOMME,
RUE HAUTEFEUILLE, Nᵒ 20.

LE MAL

ET

LE REMÈDE.

Il est des noms consacrés par la gloire; il en est de condamnés à la célébrité. Pour ne parler ici que d'écrivains moraux et politiques, autre est la renommée de Hobbes, autre est la réputation de Montesquieu : l'opinion qui a cloué l'un au gibet de l'infamie, couronne d'une palme toujours verdoyante la tête vaste et forte d'où sortit l'*Esprit des Lois*. A ce noble aspect, comment un cœur, fait pour l'apprécier, ne palpite-t-il point de respect et d'enthousiasme? Est-ce à la main qui cueillit au Pinde et à Sion tant de fleurs brillantes, à faire moisson des viles orties semées par Machiavel?

Je nomme à regret M. de Châteaubriand; je l'attaque avec plus de peine encore. Accoutumé à admirer en lui le peintre rêveur d'une religion tendre et mélancolique, j'eusse voulu réunir dans ce même sentiment l'artiste et l'homme d'état. Mais si déjà le premier a écrit son nom près de celui de l'auteur des *Études de la Nature*, il n'en est pas ainsi du second : au lieu de le lire radieux entre les noms de Fox et de Lally, je crains d'avoir à l'exhumer bientôt des pamphlets tumulaires qu'il entasse dans l'oubli, sur les pamphlets oubliés de Kotzbuë, de Gentz et de Mallet-Dupan.

Oui, le noble pair s'est fait teinturier de brochures, ce qui jusque-là n'est que ridicule ; et ces brochures, il faut trancher le mot, sont des libelles, ce qui vraiment est déplorable. Imposteur pour le fond des idées, injurieux dans la forme de leur expression, leur auteur a perdu son génie et n'a pas rencontré le talent. La muse l'a délaissé, quand il abandonna la vérité ; et toutes deux, pour le punir, ont décoloré son style et livré sa plume à une affligeante vulgarité. A ce nom qui provoque peut-être encore la curiosité, sans pouvoir, comme autrefois, fixer l'inté-rêt, on ouvre le volume d'une main noncha-lante, on le parcourt d'un œil distrait ; et, sur quelques lignes froides et scandaleuses, on sourit de dédain et on le repousse sans emportement. Toutefois, il est un certain monde qui venge l'écrivain d'un accueil si glacé. Parmi ces amateurs débonnaires, on trouve des estomacs dépravés pour lesquels, hormis les excellens, tous les mets paraissent bons. Friands d'intrigues, desireux de troubles, avides de mensonges ou du moins d'illusions, la paix les ennuie, le calme les endort, surtout la charte les dégoûte. Au défaut de la guerre où le fer boit le sang, il leur faut des escarmouches où la plume vomit l'encre : c'est une image douce et rafraîchissante qui retrace le passé, et peut-être présage l'avenir. Le maître ne disait-il pas hier qu'*il fallait tirer le canon d'alarme?* Notez que l'ouvrage est écrit en conscience, et que la métaphore en est bannie.

Aujourd'hui comme hier, et comme depuis long-temps, ce n'est plus par hyperbole qu'il appelle le trouble et proclame les combats. Il n'est pas une époque fatale à laquelle il n'ait été mêlé, pas un jour *mauvais* où l'on n'ait prononcé son nom. On le cita jadis, ce nom blasonné dans nos poudreuses chroniques, on se plaisait à le redire sous les arches des cathé-drales, ou lorsque la cloche tintait dans le silence et l'obscurité, ou quand, sous l'œil

printannier du soleil de mai, une riante pro-
cession d'adolescens et de vierges serpentait
parmi la verdure des haies et des guérêts. Jours
d'innocence théâtrale et de métaphorique sim-
plicité, vous avez fait place à des jours plus
solidement remplis ! Le mélancolique *René* a
déserté la savane romantique, et le champion
du sépulcre a troqué pour un manteau d'her-
mine le bourdon du pélerin. Qu'est-ce en effet
que l'auréole de la gloire ? Un feu d'artifice,
ou une fumée d'opéra. Parlez-moi de jouis-
sances prosaïques, mais viriles, et non pas
de poétiques illusions. Ce siècle calculateur
met de l'argent au fond de tout : il ne s'agit,
pour bien flairer cette proie, pour s'en saisir,
que d'avoir le nez fin et le bras long. Renard,
s'il le peut ; lion quand il le faut : voilà l'homme
du jour. Et de cette généralité, je n'exclus pas
même l'ermite devenu pair, et qui de sa clo-
chette veut faire un tocsin.

Il le sonnait déjà, lorsqu'au nom d'un collége électoral qu'il présida, il sollicitait par
un zèle amer, *les justices* de celui qui ne
voudrait faire bénir que ses miséricordes ; il
le sonnait encore sur ces prêtres assez mal-
heureux, pour qu'en haine d'une faute, depuis si long-temps commise, des chrétiens ou-

blient leur vieillesse, leurs infirmités, leur repentir sans doute et l'indigence de leur famille ; il le sonnait encore enfin (et cette fois le canon d'alarme renforça le beffroi de l'incendie) quand le monarque, quittant un instant la carressante affabilité du père, pour prendre l'attitude imposante du maître, devint deux fois législateur, en débarrassant sa charte des gothiques échafaudages dont quelques maçons, qui se croient architectes, voulaient en déshonorer la simple et noble architecture. Qui n'a lu la brochure de M. de Châteaubriand, de laquelle une presse officieuse a réduit au format le plus exigu la volumineuse épaisseur? Les partis ont souri à la vue de cette grenade lancée sur la sainte-barbe; mais graces à quelques écrivains courageux qui ont arraché la mèche; graces surtout au pilote qui l'a éteinte sous les flots du gouvernail, le navire ne sautera pas. Majestueux et tranquille, il chemine malgré les gros temps. Voici encore M. de Châteaubriand qui déchaîne les orages.

Celui-ci, contre l'intention de son auteur, ne sera qu'une tempête dans un verre d'eau. En d'autres circonstances, le noble pair dénonçant les élections, doutant de leur liberté,

accusant les ministres, aurait peut-être ébranlé
la monarchie : cette attaque aujourd'hui constate sa force et ajoute à sa stabilité. La chambre
haute a jugé l'auteur, en rejetant sa proposition : et d'avance, les députés, en proclamant
leur légitimité, avaient prononcé sa condam-
nation.

D'où vient donc, qu'après de tels arrêts,
je remets en cause une affaire perdue ? Parce
que, des tribunaux augustes qui l'ont flétri,
M. de Châteaubriand a porté son appel à
l'opinion. Sous le manteau du pair, on col-
porte, on distribue le poison du libelliste.
Pour être marqué d'un sceau, devant lequel
se baisse l'œil de la police, n'est-il plus poison ? Puisque abusant d'un titre révéré, il
circule et ravage, ne doit-on pas lui opposer
de nombreux, de puissans antidotes ? Quel
dommage qu'un talent médiocre accompagne
un dévouement si vrai ! Pourquoi n'est-ce pas
M. de Châteaubriand qui combat pour la patrie et pour la vérité ? Ah ! qu'avec transport
je briserais cette faible plume, si l'auteur de
Buonaparte et des Bourbons retrouvait la
sienne ! J'ai cru la reconnaître un instant dans
quelques pages de son nouvel écrit : il y préco-
nise nos saintes libertés qui l'en ont récom-

pensé, en les lui dictant éloquentes. Pourquoi ne pense-t-il pas toujours ainsi? D'où vient est-il ailleurs si peu noble, si peu sincère? Qu'il eût pensé, qu'il eût parlé de la sorte, j'aurais dû me taire, je me serais tu. Il y aurait un bon livre de plus, et quelques feuilles assez médiocres de moins.

Une analyse exacte de la proposition de M. de Châteaubriand paraîtra indispensable à ceux que j'appelle pour spectateurs du combat. Après la leur avoir présentée courte, mais consciencieuse, je reprendrai un par un, si je puis m'exprimer ainsi, chaque élément qui la compose, et auquel j'opposerai un élément contraire. Il y a, je pense, quelque sincérité morale et beaucoup de bonnefoi littéraire dans ce procédé. Les sophistes redoutent la méthode, et c'est les avoir vaincus à demi que de les y soumettre.

La liberté des électeurs a été violée;

Elle l'a été par le ministère, ayant pour organe principal le ministre de la police.

Des citoyens ont été désignés nominativement à l'exclusion;

D'autres ont été nominativement indiqués à l'élection.

Les révolutionnaires ont été appelés,

contre les royalistes, au secours de la royauté.

On a tenu des propos odieux contre la famille royale.

Les preuves de ces assertions reposent dans des documens de deux espèces : les premiers, officiels en quelque sorte, ont déjà obtenu de l'authenticité par ce qui s'est passé à la chambre des députés (la dénonciation des préfets du Lot, de Vaucluse et du Pas-de-Calais) ; ce sont des circulaires ministérielles, des lettres de préfets, des réclamations d'électeurs et de différensi ndividus, aux ministres de la justice, de l'intérieur, de la police. Les autres documens consistent en récits, notes et lettres particulières, par lesquels on pourrait établir les faits et indiquer les témoins.

Le premier document officiel est une circulaire du ministre de la police relative aux élections. Pourquoi cette lettre à propos des élections libres d'un peuple libre? Doit-il, ce ministre, parler publiquement de l'esprit dans lequel les élections doivent être faites ? Cela est choquant pour la dignité nationale.

Voici ce qu'il écrit : « Sous le rapport de la » convocation, point d'exclusions odieuses, » point d'applications illégales des disposi» tions de haute police, pour écarter ceux qui

» sont appelés à voter. — Sous le rapport des
» élections, ce que le roi veut, ses manda-
» taires doivent le vouloir; il ne faut que des
» députés dont les intentions soient de mar-
» cher avec le roi, la charte et la nation; les
» individus qui ne possèdent pas ces principes
» tutélaires, ne doivent pas être désignés par
» les autorités locales. Sa Majesté attend des
» préfets qu'ils dirigent tous leurs efforts pour
» éloigner des élections tous les ennemis du
» trône et de la légitimité qui voudraient ren-
» verser l'un et écarter l'autre, et les amis in-
» sensés qui l'ébranleraient en voulant le ser-
» vir autrement que le roi veut l'être. »

Pas d'exclusions *odieuses*, point d'applications *illégales* pour écarter les votans, c'est fort
bien. La police avouerait-elle qu'il y a eu des
personnes *illégalement* arrêtées? Beaucoup de
surveillances ont été levées. Des hommes frap-
pés de mesures de haute police se sont trouvés
coupables, ou, si l'on veut, innocens au même
degré; car les diverses surveillances ont expiré
en même temps. Ils ont pu même aller aux
élections jouir de leurs droits de citoyen. Mais
tel a été remis en surveillance après avoir voté;
tel est arrivé au collége quand l'opération était
finie, et il a demandé acte de sa présence.

Les surveillés ont été mis en liberté, parce que, sans égard à leur culpabilité, on n'a pas voulu les priver du droit de suffrage. Mais, selon la circulaire, les préfets doivent éloigner les ennemis du trône et de la légitimité. Or les surveillés ne l'étaient que pour leur conduite politique.

Deux maux résultent de la circulaire : ou elle a jeté des élections des ennemis de la légitimité, lesquels ont intérêt à nommer des mandataires semblables à eux, ou elle ravit arbitrairement à deux classes de citoyens leur droit de suffrage. De plus, contradiction dans les deux passages. Il est odieux de frapper du même anathême l'ennemi de la légitimité couvert de crimes, et l'ami du roi, qui n'a d'autre tort que son zèle et son dévouement.

Mais les surveillés ne l'étaient pas pour leur conduite politique ; ils l'étaient donc pour des délits que l'on n'ose qualifier ?

Pourquoi, si le droit de suffrages est le plus cher, a-t-on refusé des congés à d'anciens députés couverts de blessures et à des officiers royalistes ?

Peut-être les royalistes étaient-ils exclus comme *amis insensés du trône;* mais les jacobins ne devaient-ils pas l'être, comme ses ennemis et ceux de la légitimité? Où est la justice dans cette préférence?

Voici encore d'autres exclusions : la circulaire ministérielle ordonne aux autorités locales *de ne pas désigner* certains individus. Est-il légal que l'autorité désigne ou ne désigne pas? Chacun voyant le salut public autrement que son voisin, quel chaos résulterait, si chaque autorité locale prononçait d'après ses passions, un degré d'amour de chaque électeur pour le roi, la nation et la charte.

Il y a des variantes dans la circulaire; une version fait lire:« les *individus* qui ne professent pas ces principes ne sauraient être désignés.» Une autre les:«*députés* constamment éloignés..» Voilà donc des députés désignés comme ne pouvant être réélus, et signalés comme ne marchant pas d'accord avec le roi, la charte et la nation.

Après la police, qui enseigne comment il faut avoir des élections libres, arrivent les finances qui apprennent à leurs agens comment ils doivent concourir au perfectionnement de la liberté des élections.

M. Barrairon adresse à ses agens une circulaire signée *Corvetto*, lequel en leur envoyant la circulaire de M. de Caze, les invite à en faire connaître les principes. Un directeur de l'enregistrement, transmettant ces pièces à ces subordonnés, leur mande que l'intention du roi et de ses ministres, est que les fonctionnaires contribuent à ce qu'il soit fait de bons choix ; qu'ils doivent user de leur *influence* pour arriver à ce but, et que s'ils s'écartaient de leurs devoirs, *ils perdraient la confiance du gouvernement.* N'est-ce pas les menacer de *destitution* s'ils n'usent pas de leur influence ?

Du ministre, la circulaire, contresignée par le secrétaire-général Lefebvre, envoyée au conservateur des eaux et forêts de Grenoble, et par ce conservateur à l'inspecteur de l'Ain, par ce dernier au sous-inspecteur de Montbrisson, a embrassé le plus vaste terrain. Si des receveurs-généraux elle a, suivant sa destination, été transmise aux percepteurs, il n'est pas de garde-forestier qui n'ait reçu la sienne.

Des commissaires ont été envoyés dans les départemens pour travailler les élections, avec des pouvoirs de deux sortes ; les uns exprimés en termes généraux, pour être montrés aux autorités ; les autres consistant en instructions secrètes, écrites ou verbales. Exemples : M. A. a traversé dix départemens ; il déployait ses

pouvoirs, parlait contre la majorité de l'ancienne chambre, demandait l'éloignement des
fonctionnaires trop royalistes, et défendait la
nomination de certains députés. M. R. menaçait les autorités de destitution, si tel député
était réélu ; il engageait les révolutionnaires
et les infidèles à se présenter aux élections, à
en écarter les nobles et les anciens serviteurs
du roi. A Dijon, à Auch, des commissaires
prétendaient avoir l'ordre de faire exclure tels
et tels. Un sieur C. déclamait à Caen contre
d'anciens députés. A Beauvais, à Amiens, un
sieur B. menaçait de destitution les employés
des finances qui ne se déclareraient pas contre
tel autre. Le zèle de ces agens a été si loin, que
la police les a désavoués et a ordonné l'arres-
tation de quelques-uns. Mesure tardive ! les
ordres arrivaient trop tard.

Les préfets maintenant ! celui d'Arras écrit :
« Que le roi verra avec mécontentement siéger
» dans la nouvelle chambre, ceux des dépu-
» tés de l'ancienne, signalés par leur attache-
» ment à la majorité opposée au gouverne-
» ment. C'est lui seul qui peut faire connaître
» aux électeurs la pensée et les intentions du
» roi. »

Un électeur a demandé la mention au procès-verbal de la lettre inconstitutionnelle du préfet. La parole lui a été interdite; un autre a dénoncé au ministre de la justice le discours d'un président du collége d'arrondissement.

Le préfet de Vaucluse a fait peut-être pis; il a exclu un candidat et en a présenté un autre en se servant du nom du roi. M. de Forbin, le candidat exclu, atteste ces faits dans une réclamation aux ministres de l'intérieur, de la police et de la justice.

M. le comte de Clermont Mont-Saint-Jean a porté plainte contre M. le préfet de Seine-et-Marne qui l'avait exclu nominativement des élections.

M. le préfet du Lot a été accusé devant la chambre des députés d'avoir mis en usage les moyens les plus illégaux pour exclure des élections les députés de la dernière chambre. Ce préfet s'est justifié dans les papiers publics; mais les journaux ont refusé l'insertion de leur réplique à MM. Syrieys et la Chaize-Murel, ses dénonciateurs. On publie, de quarante-un électeurs de ce département, une protestation qui n'est pas connue. (*Voyez les pièces justificatives*, n° 8).

Plusieurs préfets ont donné l'exclusion no-minative à divers candidats; ils ont employé et effectué les menaces et les promesses.

Des présidens de collége, impassibles par leurs fonctions, par leur indépendance personnelle, par les engagemens qu'ils contractent en acceptant la présidence, par le serment écrit qu'ils font « de ne tolérer aucune coali- » tion tendante à capter ou à gêner les suf- » frages. » Ces présidens ont-ils pu être capables d'oublier ou de mal comprendre ces engagemens sacrés? Serait - il vrai que plusieurs candidats eussent à se plaindre d'eux?

De divers rapports parvenus de toutes les parties de la France, il résulte donc que des commissaires chargés par la police, ont été envoyés dans les départemens; qu'il y a eu des exclusions formelles, des désignations formelles prononcées par l'autorité; que des surveillances ont été levées pour des électeurs d'une certaine espèce, et que des permissions ont été refusées à des électeurs d'un autre. Qu'est-il arrivé? Des colléges se sont séparés sans terminer d'opérations; trois départemens ne sont pas représentés; d'autres n'ont que le tiers ou la moitié de leurs élections. Ainsi se trouve affaiblie une représentation déjà trop faible; inconvénient grave, tant pour l'indépendance des votes que pour la discussion des lois.

Ces intrigues ont mis les partis en présence ; elles ont ranimé des factions prêtes à s'éteindre. L'opinion a rétrogradé vers les principes révolutionnaires. Les royalistes ont été consternés en remarquant, parmi les commissaires, des hommes trop connus dans la révolution et pendant les cent jours, par leurs erreurs politiques, par leur haine contre les Bourbons. Voilà les apôtres de la légitimité ! quel renversement d'idées ! Les jacobins poussant un cri de joie qui a été entendu de tous leurs frères en l'Europe, sont sortis de leurs repaires. Ils ont été appelés aux élections et carressés comme les vrais soutiens du trône.

Des destitués ont présidé des colléges ; on a choisi pour scrutateur un membre de comité révolutionnaire. Trois fameux jacobins du Gers ont été mis en liberté au moment des élections. On donnait vingt-quatre heures pour partir aux amis de la cause royale.

Un signataire de la lettre écrite contre le roi, du camp de la Villette, a voté à Cahors ; un homme de Milhaud, soupçonné d'avoir été l'émule de Didier, lors de la conspiration de Grenoble, a eu la permission de voter à Rhodez.

Un membre de la chambre des représentans a vu sa surveillance suspendue pour aller voter à Ploërmel; c'est celui qui demanda qu'on saisit les biens des Français armés pour la cause royale, et que leurs ascendans et descendans fussent mis hors la loi; proposition qui fit horreur aux représentans.

A Beauvais, l'ancien chef de la police secrète a voté contre un homme qui vota contre l'acte additionnel : (M. de Kergolay).

Dijon a vu des électeurs échappés des tribunaux, où ils avaient été traduits pour crime de trahison.

A Nevers, à Arles, on a reconnu, parmi les électeurs, des jurés dans le procès de la reine Marie-Antoinette.

On a empêché M. de Béthizy de se rendre à son collége électoral de Lille.

Les commissaires ont partout représenté les royalistes comme les ennemis du roi. Dans plusieurs provinces, les élections se sont faites aux cris d'*à bas les prêtres ! à bas les nobles !* On a tenu d'odieux propos contre la famille royale qu'on sépare toujours du roi. A Épinal, on chantait la *Marseillaise*, et l'on a affiché des placards épouvantables.

Est-ce pour obtenir une faible majorité qu'on a pris tant de soins? Ce serait une incapacité déplorable: mais ce serait une haute trahison, si, calculant le changement qu'allait produire dans l'esprit public cet appel aux ennemis du trône, on avait prevu le danger qui peut résulter pour la couronne, du triomphe des révolutionnaires sur les royalistes; si l'on avait voulu replacer ceux-ci sous le joug de ceux-là; et dans la France, aigrie par ses anciennes factions et ses calamités récentes, faire succéder la terreur au repos, en remettant tout en problême.

Mais on écrasera les jacobins après s'en être servi; mais on voudrait qu'ils remuassent pour les pouvoir frapper; et si la chambre n'eût pas été modérée dans un sens ou dans l'autre, on l'aurait cassée comme la dernière. Puérile jactance! On ne connaît donc ni la puissance des affaires, ni celle des hommes, ni ce que la France peut supporter! Les révolutionnaires sont d'autant plus à craindre, qu'on leur a témoigné de l'estime.

Ceux qui s'élevaient contre l'ancienne chambre, prétendaient qu'elle n'était point dans le sens de l'opinion, et qu'elle ne représentait pas les sentimens de la France; et pourtant, elle avait été librement élue. Que répondrait on aux ennemis de la chambre nouvelle (si elle en a), s'ils disaient qu'elle ne représente pas les sentimens de la France, étant le fruit d'une intrigue? On citerait alors tout ce qu'on vient d'exposer, d'où il résulte que la liberté des élections a été attaquée par un système général, depuis Perpignan jusqu'à Lille, depuis Brest jusqu'à Strasbourg. Sont-ce les autorités locales qui ont outrepassé leurs pouvoirs, quand les préfets qui ont violé la liberté des élections conservent leurs places, tandis que d'autres préfets ont été destitués pour avoir obéi à leur conscience?

Graces à la Providence cependant et au bon esprit de la France, les royalistes se sont présentés partout, et la nouvelle chambre remplacera dignement l'ancienne.

Toutefois était-il permis, en se rendant maîtres des élections, de violer les premières lois de l'État? Cabales, intrigues, mouvemens d'opinions et de partis : partout où il y a élections, c'est un mal qui sort de la chose. Le gouvernement peut et doit employer les influences morales; des ministres, des préfets, des présidens peuvent diriger la préférence sur des hommes modérés, probes et vertueux; l'écarter des hommes immoraux, scélérats, parjures: mais un ministre doit-il exercer une puissance directe et coërcitive sur les élections ? désigner les individus ? priver un citoyen de l'exercice de ses droits ? Est-ce avec des circulaires , des commissaires, des menaces, des destitutions. des mutations, qu'il doit diriger les élections d'un grand peuple ? Doit il grossir les colleges de tout ce qu'on avait cru nécessaire de retrancher de la société ? Un traître, un pervers doit-il donner à la France et au roi des représentans dignes de lui, faits pour elle ?

Et si, en cassant la dernière chambre, en troublant les élections, on n'a songé qu'à conserver ses places , à quelle estime peut pretendre celui qui a joué ainsi le sort de sa patrie ? Ne devait-il pas sentir qu'en se retirant il honorerait son caractere, et se préparerait au pouvoir un chemin plus beau et plus sûr ?

Sans la liberté des élections, plus de gouvernement représentatif, plus de charte. Protégeons cette liberté, d'autant plus que la liberté individuelle et la liberté de la presse sont suspendues. Ainsi, le ministre, maître de retenir ou de relâcher tels ou tels électeurs, peut remplir la chambre de ses créatures , et non de mandataires du peuple ; ainsi, la police peut se servir des journaux pour corrompre l'esprit public, créer une opinion factice propre à favoriser les systèmes et les intérêts d'un parti. Et si, à ces moyens d'oppression il lui est permis de joindre des entreprises directes contre la liberté des suffrages, que devient la représentation nationale?

A ceux qui seraient tentés d'approuver qu'on eût violé la liberté des élections, afin d'avoir des députés d'une certaine sorte, je demande s'il leur conviendrait qu'un autre ministère employât des moyens coupables pour en faire nommer d'une autre espèce? Que les pairs de France, veillant au maintien des lois, leur donnent la stabilité dont ils jouissent eux-mêmes, et ne souffrent pas que le gouvernement représentatif de la France devienne la risée de l'Europe.

Tel est l'enchaînement des différentes assertions dont se compose la dénonciation de M. de Châteaubriand, et qui ont motivé sa proposition de supplier le roi d'ordonner l'examen de ce qui s'est passé aux élections dernières. On remarquera que, dans l'analyse de cette dénonciation, j'ai conservé non seulement l'ordre successif des propositions secondaires et le développement graduel des chefs qui la constituent, mais le littéral même des mots et la construction grammaticale des phrases qui l'expriment. Par ces scrupules, que je suis obligé de faire observer, la position logique des raisonnemens est respectée : le lecteur peut en déduire telles conséquences qui lui plaira ; car avec la lettre sommaire du discours, on lui en offre aussi l'esprit. Que n'est-il pensé, que n'est-il écrit dans le sens et du style des dernières pages, dont je dois également donner l'idée !

« Des doctrines funestes à la liberté se répandent autour de nous, dit le noble pair : on murmurait l'année dernière ; on dit tout haut cette année que les chambres ne doivent être que des conseils obéissans aux ordres ministériels ; que nous ne sommes point faits pour un gouvernement constitutionnel ; qu'il faut nous conduire avec des ordonnances, et que nous n'avons pas besoin de lois. » Quels sont ceux auxquels M. de Châteaubriand impute ces doctrines ? « Ceux-là même qui, pendant vingt-cinq ans, ont crié à la constitution et à la liberté. Ces anciens partisans de la liberté de la pensée, déclament contre la liberté de la presse. Ils la voulaient pour détruire, ils ne la veulent plus pour réparer ; ou plutôt ils la veulent encore, mais pour eux seuls, mais au profit de leur vanité, de leurs intérêts, de leurs passions, et par le moyen de la police. Libres par la loi, esclaves par l'administration, voilà ce qu'ils voudraient : c'est notre histoire depuis vingt-cinq ans. »

« Mais, ajoute l'orateur, par un mouvement de patriotique éloquence, mais il est resté des hommes d'un esprit élevé, d'un caractère noble, qui n'ont point désavoué leurs principes : ils se réunissent à tous ceux qui professent des opinions indépendantes, sans acception de partis ou de personnes ; conséquens dans leurs systèmes politiques, comme ils l'ont été dans leur conduite, ils ne veulent pas que le gouvernement représentatif en France soit un vain nom ; ils le veulent réellement et de fait, dans tous ses rapports, dans toute sa plénitude. La charte, toute la charte, sans arrière pensée, sans suspension, sans restriction, voilà ce qu'il nous faut. »

Le roi lui-même ne pense pas autrement, et son conseil n'aurait pas mieux dit. Il est triste qu'à la suite de cette profession de foi, si politiquement méditée et énoncée si libéralement, il faille tirer de l'accusation des inductions tout à fait contraires. Mais que dis-je ? des inductions ! Si une œuvre de cette importance produite par un pair, soumise d'abord aux pairs, puis présentée à l'opinion, et dont l'objet, en l'intéressant vivement, doit la remuer davantage; si une telle œuvre doit être examinée, c'est par ses détails; si elle peut être jugée, c'est dans son ensemble. Or, son ensemble est l'acte d'accusation du gouvernement, ou, pour s'exprimer sans équivoque, du ministère; ses détails exposent les délits dont le ministère s'est rendu coupable; et comme la discussion de ces actes prouvera jusqu'à l'évidence qu'ils sont conservateurs de la charte, et ne répugnent en rien au gouvernement, ou pour mieux dire, à la monarchie représentative; il suit que le bras qui les attaque, attaque la charte, et par conséquent la monarchie. Que si, par une distinction dont la subtilité ressemblerait fort à une perfidie, ou prétendait qu'il est possible d'attaquer la charte, sans ébranler la monarchie, et d'inculper le ministère, en respectant le gouvernement; je répondrais que le gouvernement, sans le ministère, n'est qu'une abstraction, et la monarchie sans la charte, une impossibilité; et ici l'adversaire, que j'ai l'honneur de combattre, me ferait celui d'être mon second.

Autres distinctions toutefois : on veut la monarchie., et puisqu'on admet la charte, on la veut représentative ; on chérit la personne du roi, et l'on révère son pouvoir ; on respecte le gouvernement, et l'on obéit à son autorité ; enfin, on considère le ministère, et l'on professe pour plusieurs de ses membres l'estime et l'attachement ; mais cet attachement et cette estime, qui sont des affections privées, doivent-ils balancer les considérations politiques, sentimens d'une cathégorie plus générale, d'une influence plus patriotique, d'un ordre plus relevé ? N'est-ce pas même pour céder à ces sentimens, qui sont des devoirs, qu'aujourd'hui l'on se porte agresseurs, non de la charte, dénonciateurs, non du gouvernement, accuteurs, non du ministère ; mais agresseurs, dénonciateurs et accusateurs d'un ministre, de deux tout au plus, ce qui est bien modéré, lorsque, dans une dernière brochure, l'on a attaqué, dénoncé, accusé trois ministères successifs et tous entiers ? Un des élémens du gouvernement représentatif n'est il pas l'opposition ? C'est l'opposition qu'on exerce, soit comme pair, en proposant, soit comme citoyen, en dénonçant, soit comme écrivain, en publiant. Ainsi l'on proteste, par cette attitude continuellement libre et armée, contre certaines lois qui, en arrêtant l'action de la charte, ont désarmé nos libertés; on oppose un fait privé, mais courageux et honnête, à un droit public, mais usurpé et oppressif; et si, par occasion, on s'abrite des ondées ministérielles sous le manteau de la pairie, c'est qu'on a éprouvé l'impertinence des sbires de la police qui ne mesurent pas leurs égards pour un livre sur le talent de l'auteur, et que d'ailleurs il est assez doux de *dire son fait* à l'autorité, sans qu'elle puisse *vous le rendre*.

Avertir l'autorité qui, s'exerçant par des hommes, ne saurait être infaillible, c'est souvent un bien, c'est quelquefois un devoir : *lui dire son fait* est toujours un tort; et si, en le lui disant, on menace, on mine, on ébranle l'édifice dont l'autorité fut l'architecte et dont elle est le gardien, ce tort prend un caractère coupable que les prétextes les plus spécieux ne peuvent effacer, que ne justifient point les sophismes les plus adroits.

C'est la situation dans laquelle s'est placé M. de Châteaubriand. Sans presser beaucoup les conséquences de ses nouveaux argumens, il n'est pas difficile d'en déduire un système complet de diffamation et d'accusation; système d'autant plus redoutable pour ceux contre lesquels il est élevé, que, soustrait à l'examen méthodique de ses juges compétens, il est porté devant un tribunal mobile et léger, qui ne prononce presque jamais juste en premier ressort. Ce tribunal, on l'a déjà nommé, c'est l'opinion. Infaillible, quand de l'esprit qui étincelle dans ses premiers aperçus, le temps a fait la raison lumineuse et solide qui motive ses dernières décisions; mais inconséquente, versatile et fugitive, lorsque l'imprudence ou la foi douteuse l'ont d'abord prise pour arbitre. Saisie d'un procès, dont elle ne demande qu'à faire un scandale, il faut premièrement l'effrayer en lui présentant un résultat dont elle ne se doute guère; nous la rassurerons ensuite, et peut-être parviendrons-nous à la fixer, en lui démontrant que les bases du système sont fausses, que ses étais sont vermoulus, et que le danger dont on menace le dénoncé pourrait bien rebrousser contre le dénonciateur. C'est ainsi que certaines plantes venimeuses portent en elles leur contre-poison, et que du mal quelquefois peut naître le remède.

Du discours de M. de Châteaubriand, des pièces justificatives qui appuient les inculpations qu'il renferme, et de la proposition que le pair en fait sortir, il faut conclure :

I. 1° Que, dans les colléges électoraux, convoqués en vertu de l'ordonnance du 5 septembre dernier, les élections ont été influencées et dirigées : influencées par des manœuvres obliques, dirigées par des impulsions positives. Ici, elles ont été prescrites ; là, défendues : ailleurs indiquées avec une sorte de sincérité ; partout insinuées avec adresse ;

2° Qu'ainsi les élections n'ont pas été, n'ont puêtre libres ;

3° Que tous les électeurs n'avaient pas, n'avaient plus, ou ne pouvaient avoir le droit de voter ;

4° Que des électeurs ayant droit de voter, n'ont pu exprimer leur vote.

De ce premier chef composé, comme on le voit, de quatre propositions qui s'enchaînent et se fortifient, il suit :

II. Que les députés n'ont point été élus légalement ;

III. Que la chambre n'est point complète ;

IV. Que la représentation nationale n'est point légitime, et conséquemment que la nation n'est point représentée.

A qui imputer cette série de délits, ou, pour

(55)

s'exprimer plus franchement, d'attentats politiques et de crimes de haute trahison? La ha-
rangue nous l'enseigne, et nous en réduisons
les développemens à la concise expression d'un
seul chef accusateur :

V. Les élections sont l'œuvre du ministère;
la représentation publique est sa création, et la
chambre son instrument.

Le point de vue politique de l'accusation va
produire quatre nouveaux chefs :

VI. La charte constitutionnelle a été violée
dans l'une de ses premières dispositions fondamentales ;

VII. Les droits de la nation ont été enchaînés
et sont usurpés ;

VIII. Les libertés publiques sont anéanties ou
du moins suspendues;

Et par une conséquence nécessaire et im-
médiate,

IX. Le despotisme existe. Il réside dans le
ministère. Collectif à beaucoup d'égards, c'est
surtout par la police générale qu'il se manifeste et qu'il s'exerce. Il substitue ses mouvemens arbitraires à l'action légitime et pater-
nelle de la volonté royale. Il met la charte sous
le voile, l'opinion au secret, la nation sous le
joug, la monarchie en péril.

cette conséquence ; après avoir agité l'opinion par sa diatribe, il la force à prononcer ce qu'il n'ose dire. Se taira-t-elle, doit-elle se taire, quand on lui expose le crime qu'on lui montre les criminels ?

Mais cette vengeance ou, dans le sens du plaignant, cette justice est-elle la seule mesure que réclament l'étendue et l'atrocité de l'attentat ? Oui, si j'en crois l'assurance positive que nous en donne M. de Châteaubriand. Après avoir représenté les colléges comme dominés par le ministère, les élections comme son ouvrage, et la chambre comme son produit, le noble pair se hâte de prévenir la pensée qui se dresse soudain contre une représentation équivoque. *Les élections sont* VALIDES, s'empresse-t-il de s'écrier ; *la chambre est* LÉGALE, *et la représentation* LÉGITIME !.... Ceux mêmes que l'orateur habitua aux écarts de sa dialectique, et qui les lui passaient en faveur de sa rhétorique, ont semblé un peu étourdis de cette façon de conclure. Sur ce grand scandale de colléges travaillés, d'élections commandées, de candidats admis ou exclus, ils avaient la bonhomie de supposer, qu'en concluant la punition du délit on conclurait sa réparation ; ou, en d'autres termes, qu'une ordonnance royale dissoudrait la chambre bâtarde, convoquerait les colléges et leur permettrait de donner enfin à la France une représentation digne d'elle et de son roi. Préjugé de la probité qui raisonne ! Certains hommes d'état procèdent autrement. Après avoir établi des faits, avancé des assertions, échafaudé des argumens et préparé les esprits à des conséquences vigoureuses, on est tout étonné de les voir se détourner insensiblement, ou pour mieux dire, baisser tout-à-coup. Terribles dans leurs prémices, ce sont des agneaux dans leurs conclusions, où s'ils dédaignent de montrer leur logique, ils s'arrangent pour étaler leur générosité. Du reste le scandale n'a-t-il pas fait sonner toutes ses fanfares ? Au risque de recevoir plus d'une pierre dans sa maison, n'en a-t-on pas lancé dans les vitres de ses voisins ? N'a-t-on pas remué de nouveau jusqu'à la lie cette opinion, qu'un pamphlet récent agitait encore ? Enfin, comme ces tambours qui, placés sur les hauteurs, battent la charge et ne bougent pas, n'a-t-on pas fait du bruit, et ne l'a-t-on pas fait sans danger ?

(1) « Dans une belle soirée d'automne, quand

---

(1) Ce lambeau descriptif cousu, on ne sait pour-

les vents calmisent, et qu'à demi-baigné dans des nuages de pourpre, le soleil enveloppe de voiles d'or l'horizon lumineux sous lequel il se plonge, avez-vous quelquefois promené vos pas rêveurs vers un paisible étang? Comme le tranquille azur de sa surface réfléchit l'azur doré du ciel! De sa rive verdoyante, où se dresse un chêne séculaire, où se balancent de jeunes peupliers, l'œil se plaît à descendre jusqu'au fond de son limpide canal. Là, sur l'émail bigarré des grèves, se jouent dans tous les sens, glissent et se dardent des poissons nombreux, aussi joyeux de la sérénité de l'air que de la fraîcheur des eaux. La lumière qui décroît, les ombres qui s'alongent en s'épaississant, jettent sur le paysage de riches teintes dignes des pinceaux du Lorrain. On soupire d'aise, on promène autour de soi des regards satis-

---

quoi, à un opuscule politique, où il semblera bien déplacé, est tiré d'un nouvel ouvrage de M. Regnault de Warin, intitulé : ZODIAQUE BOTANIQUE, lequel paraîtra au mois de janvier 1817, chez *Plancher*, éditeur de trois ouvrages du même écrivain ; *Cinq mois de l'Histoire de France* (1 vol. *in-8°*, 1815); *l'Homme au Masque de fer* (4ᵉ édit., 4 vol. *in-12 portr.*, 1816), et *Henri II, duc de Montmorency* (1 vol. *in-12*, 1816).

faits; en foulant cette pelouse veloutée, on sent qu'il serait doux d'y posséder une maisonnette, une cabane de pêcheur, d'où les soucis seraient bannis avec l'or, et qui, sous son toit de chaume, verrait un homme heureux, riche de quelques filets. » — Voilà quelle serait la situation de la France, éclairée aussi par un beau soleil d'automne. — Mais un écolier turbulent, debout sur un tertre qui domine l'étang, y lance à coups de fronde des cailloux arrondis, qui, sifflant et pirouettant dans les airs, viennent briser le liquide cristal par leur chute parabolique. L'écolier s'amuse et rit; il n'a voulu que produire du bruit, et, comme *ce grand flandrin de vicomte* du Misanthrope, *faire des ronds*. Mais les poissons, qui s'endormaient, se réveillent pour souffrir, et du bruit qui les épouvante, et du fracas qui altère, par des flots limoneux, la tranquille pureté de leur demeure. Ils s'agitent, ils se troublent, ils fuient épouvantés : l'écolier n'en tient compte et continue de fronder. La corde tourne et siffle, les cailloux pleuvent, le désordre augmente avec le bruit. Quelle est la fin de ces jeux innocens? L'étang est troublé, les poissons se noient dans la boue; mais l'écolier *a fait des ronds.*

5.

Il faudrait trois mois et un volume pour répondre à M. de Châteaubriand, et je n'ai que quelques feuilles et quelques jours. Chaque passage de sa brochure répond à une situation du corps politique, à une sensation de ses organes, à un sentiment de cette ame sociale qui leur donne le mouvement et la vie. Quoique ce publiciste n'ignore pas quelles infirmités leur sont restées, à la suite des maladies sans nombre que l'incapacité des médecins a encore empirées, médecin non moins téméraire, il promène sur des plaies encore saignantes une main rapide et brusque, et manie sans délicatesse un tempérament épuisé, moins par les maux que par les remèdes. Il faut essayer de redresser les erreurs de sa consultation, et reprenant sous œuvre, comme je l'ai promis, chacun des points qui la composent, ramener les lecteurs qu'elle a pu égarer à cette idée simple et conservatrice : que, dans la crise où se trouve le malade, il ne peut guérir que par les palliatifs, et se sauver que par le régime.

Avant de discuter cathégoriquement chaque chef d'accusation, qu'on me permette de faire quelques questions préalables. Sur quoi reposent la déclamation et la dénonciation de M. de Châteaubriand? Sur des documens de deux sortes : les premiers, généraux et en quelque manière officiels ; les seconds, confidentiels et privés. Où l'honorable pair se les est-il procurés ? Les uns dans le *Moniteur, partie officielle;* les autres par des narrations particulières, des correspondances amicales, des entretiens secrets. Sur ces premières, données, tout le monde préjugera que, de ces deux ordres de documens, les premiers publiés officiellement, proclamés à la face de l'Europe, souscrits par les ministres et *approuvés par le roi,* ne peuvent guère compromettre leurs signataires et leurs auteurs; et quant aux seconds, qui n'offrent aucune authenticité dans leur caractère, ils ne méritent guère d'être consultés que comme renseignemens.

De la forme assez imposante des uns, trop équivoque des autres, si l'on entre dans le vif même du fond qui les constitue, que trouve-t-on? D'abord, une *Instruction envoyée par le ministre de la police,* sous la date du 12 septembre 1816; instruction dans laquelle Son Excellence, après avoir défendu aux préfets chargés de la convocation des colléges, *les exclusions odieuses, les applications illégales des dispositions de haute police pour écarter ceux qui sont légalement appelés à voter,* recom-

mande, avec une *surveillance active*, UNE LI-
BERTÉ TOUTE ENTIÈRE ; instruction encore dans
laquelle le ministre dit textuellement : « Il n'y
» a point deux intérêts dans l'Etat ; pour *faire*
» *disparaître jusqu'à l'ombre des partis*, il
» faut des députés qui marchent d'accord avec
» le roi, la charte et la nation. » Dans un paragraphe suivant, l'homme d'état demande à
l'autorité locale de ne pas désigner pour députés ceux qui se sont écartés de ces principes
tutélaires ; et par le paragraphe immédiat, il
menace de toute la sévérité de la loi du 29 octobre les malveillans qui afficheraient de coupables espérances, *et croiraient trouver* dans
un grand acte de politique et de justice (l'ordonnance du 5 septembre) *une occasion de*
trouble et de désordre. Plus loin, l'instruction
recommande à la surveillance des administra-
teurs *ces correspondances empressées* et exa-
gérées que les sociétés secrètes font circuler
sous le manteau du royalisme. Plus loin, enfin,
c'est-à-dire dans le dernier paragraphe, M. le
comte de Cazes excite le zèle de l'administration à éloigner des élections *les ennemis du*
trône et de la légitimité, qui voudraient renverser l'un et écarter l'autre, et *les amis insen-*
sés, qui l'ébranleraient en voulant le servir au-

trement que le roi veut l'être ; qui, dans leur aveuglement, osent dicter des lois à sa sagesse et PRÉTENDENT GOUVERNER POUR LUI. *Point d'exagération ;* des députés qui apportent à la nouvelle chambre *cette modération qui est la règle du gouvernement* et de sa politique ; qui n'appartiennent à aucune société secrète, à aucun parti ; qui n'apportent *aucune arrière-pensée*, et respectent la charte avec franchise, comme ils aiment le roi avec amour.

Cette instruction n'a pas besoin de commentaire. Elle réunit, au plus haut degré, la pénétration d'une politique habile, les intentions paternelles d'un sage gouvernant, la prudente modération d'un écrivain impartial, la fermeté d'un ministre de la police et le royalisme patriotique d'un citoyen. M. de Châteaubriand, qui la rapporte, n'a osé la blâmer dans son ensemble ; il s'est contenté de la torturer dans ses détails.

D'abord, alarmé de voir un ministre de la police écrire sur *les élections libres d'un peuple libre*, il demande *si c'est bien à ce ministre qu'il convient de parler de l'esprit dans lequel les élections doivent être faites ?* Le noble pair semble avoir oublié que par la loi du 29 octobre, à laquelle il a puissamment concouru, le ministre de la police exerce une sorte de dictature temporaire qui, mettant la liberté individuelle en son pouvoir, le force d'étendre sur toutes les parties de l'administration publique des regards prévoyans et une influence universelle. C'est, en premier lieu, ce qui explique le silence du ministre de l'intérieur dans cette occasion, et la circulaire ministérielle de la police. Ce qui en justifie les motifs, ce qui même en a démontré la nécessité, c'est que sans les mises en liberté et les cessations ou suspensions de surveillance, qu'elle seule pouvait prononcer, les colléges auraient été incomplets, et, dans plusieurs départemens, les élections n'auraient pu avoir lieu. M. de Châteaubriand sait cela beaucoup mieux que nous; mais nous savons aussi bien que lui combien ces mesures lui paraissent révoltantes; nous savons qu'il en fait le véritable grief du ministre, auquel on pardonnerait volontiers son intervention, si elle avait repeuplé de démagogues et d'exagérés le sanctuaire d'où émanent les lois.

Néanmoins, on peut le dire, il était temps d'arrêter dans leurs bonds arbitraires ces convulsions, filles épileptiques de la loi des suspects. Graces à la sagesse du ministre qui, tempérant par une douce fermeté ce que la loi présentait de trop acerbe, a prévenu les prétextes qu'elle pourrait offrir aux passions, cette loi est fort loin de les avoir assouvies; mais elle les avait amorcées, et, dans plus d'un département, le jeu cruel des délations obscures poursuivait le mérite et faisait gémir la probité.

Le pair que je combats est moins bénévole envers les détenus et les surveillés. A l'entendre, c'était tous des ennemis de la légitimité et du trône; et parce que parmi eux se rencontraient çà et là quelque jacobin vétéran, quelque vieux cordelier, tous cicatrisés de stigmates révolutionnaires, il en conclut que le ministre n'a lâché dans les élections que des cordeliers, des jacobins, des ennemis du trône et de la légitimité. Je suppose que ce raisonnement, très-familier à l'auteur, qui conclut du particulier au général, fait sur les lecteurs une impression contraire à l'objet proposé, et qu'il trouve en eux-mêmes sa réfutation.

La diatribe continué ses cris : *On a ravi* ARBITRAIREMENT *à deux classes de citoyens leur droit de suffrage!....* Ceci est grave, si ceci est vrai. Quelles sont ces deux classes? Les ennemis du trône et ses amis insensés. Si une telle détermination eût été constitutionnellement possible, je l'approuverais fort; car si les ennemis sont à craindre, les amis insensés sont à fuir. Toutefois le ministre, qui n'ignore pas jusqu'où s'étend le cercle constitutionnel, s'est bien gardé d'en franchir la ligne, et, par son instruction, il s'est contenté de *provoquer l'éloignement de ces ennemis redoutables et de ces amis insensés.* Il faut céder aux prestiges d'une imagination bien ardente, pour voir, pour dénoncer, dans une précaution aussi douce que facile, *l'attentat qui a ravi arbitrairement à deux classes de citoyens leur droit de suffrage.*

Maintenant on s'étonne que toutes les surveillances aient cessé en même temps, qu'elles aient toutes expiré *tout juste* à la même minute du même jour; et là-dessus on s'émerveille *que les surveillés se soient trouvés tous coupables, ou, si l'on veut, tous innocens au même degré.* A cette charitable remarque, la réponse est facile : les surveillés n'étant ni innocens, ni coupables, mais suspects, la cessation ou la suspension de leur surveillance n'exigeait pas que l'on constatât leur degré de culpabilité. Prévenus, ils eussent été traduits aux tribunaux; criminels, on les eût punis : dans les deux cas, ils n'auraient pu aller aux élections, leur droit de suffrage étant suspendu par la prévention, l'accusation ou le jugement. Quant au danger d'une indulgence générale, quoiqu'il ait été le fruit d'une nécessité constitutionnelle, qu'il serve du moins à faire réfléchir sur les dangers d'une générale sévérité. La justice porte un bandeau sur les yeux : si on la place, son glaive à la main, au centre d'un cercle alternativement composé d'innocens et de coupables, et que, par respect pour son instinct d'impartialité, on l'invite à frapper, malheur aux innocens !

A la suite de ces reproches, on trouve de petites *picoteries* assez singulières. La circulaire ministérielle recommande aux autorités locales de *ne pas désigner* certains individus. Là-dessus M. de Châteaubriand se fâche et affirme qu'il *n'est pas légal de ne pas désigner;* tout à l'heure il se chagrinait *qu'on désignât;* c'est être aussi par trop difficile.

Plus loin, il prétend que si l'autorité locale désigne ou ne désigne pas, il en résultera « un » cahos d'autorités locales prononçant *d'après* » *leurs passions*, un degré d'amour de chaque » électeur pour le roi, la nation et la charte. » Voilà des scrupules bien délicats, et surtout bizarrement motivés. On les trouvera bien plus étranges, quand on saura que ce passage de la circulaire a deux versions (comme le constate le moniteur du 11 novembre), que l'une de ces versions parle *de l'autorité locale*, et que l'autre n'en parle pas; et que c'est de celle qui en parle qu'on s'est charitablement étayé, quoiqu'un moment après on la rejette comme apocriphe, attendu qu'elle cessé d'être favorable au système de l'accusation. On y lit en effet ces mots : « LES INDIVIDUS qui ne pro- » fessent pas ces principes tutélaires (*l'amour* » *du roi, de la charte et de la légitimité*), ne » sauraient être désignés; » tandis que dans l'autre on trouve ceux-ci : « LES DÉPUTÉS qui » se sont constamment éloignés de ces prin- » cipes.... » Or, si l'on peut accuser le ministre d'avoir exercé sur les élections une influence dangereuse, tant qu'il n'a été question que *d'individus*, combien cette influence devient-elle plus répréhensible, quand il s'agit *de députés!* Quel dommage que la version qui renferme ce grief, ne contienne pas l'autre! Quel dommage surtout qu'il faille opter! Pour ne pas commettre de gaucherie, il paraît qu'on avait d'abord préféré, non la plus authentique, mais la plus agravante : depuis, et tout bien considéré, on s'est servi de toutes deux. Je parierais que M. de Châteaubriand, écolier, faisait son thême de deux manières.

Si, comme un rézeau, aussi vaste qu'élastique, l'influence, ou plutôt l'oppression ministérielle, enveloppait et pressait tous les collèges, outre le centre général, duquel partait l'impulsion, il devait y avoir des centres secondaires qui la communiquassent à d'autres moins importans et plus éloignés, de manière que le mouvement, imprimé par un seul mobile, traversât à la fois tous les rayons et parcourut en même temps tous les points de la circonférence. Voilà ce qu'on peut appeler un système puissant et bien lié. Or, ce système eut un inventeur : M. de Châteaubriand affirme que ce fut le ministre; ce système eut des agens : M. de Châteaubriand atteste que ce furent les préfets, les commissaires aux élections, les commissaires de police, les présidens des colléges électoraux. En d'autres termes, un attentat politique a été commis, et le ministre en est l'auteur; la nature de cet attentat exige qu'il ait été commis par des délégués généraux, par des agens secondaires; ce sont les complices que je viens d'indiquer. Examinons rapidement leur culpabilité.

Le ministre des finances, par une missive

du 18 septembre, envoie aux agens de son ministère un extrait des instructions *approuvées par le roi*, « tendantes à donner aux élections
» une direction qui n'amène à la chambre des
» députés que des hommes qui allient au même
» degré l'amour de la légitimité et l'amour de
» la charte. »

Si je ne me trompe, ce premier complice est plus criminel que l'auteur même; car, non-seulement comme l'auteur, il s'exprime positivement sur l'amour de la légitimité et l'amour de la charte exigés dans les membres de la nouvelle chambre, mais il a l'audace d'avancer que l'instruction qui renferme de tels principes, EST APPROUVÉE PAR LE ROI. Tout le monde sait cependant que le caractère de Sa Majesté est doux jusqu'à la faiblesse; que les lumières de son esprit, qu'on veut bien ne lui pas contester, tant qu'il s'agit de sciences littéraires, sont terriblement offusquées par la méditation des législateurs philosophes, et surtout d'un certain Montesquieu, dont on reconnaît l'inspiration dans la charte et les ordonnances royales ; personne n'ignore, qu'arrivé à soixante ans, et balloté depuis près de trente, par la bourasque des révolutions, Louis XVIII n'a pu acquérir et n'a acquis ni connaissance des hommes, ni expérience des choses : d'après cela , n'est-il pas évident que le roi ne pense que d'après ces méchans politiques, et n'agit que par ses perfides ministres ? Et celui des finances ose se couvrir, ne craint pas de se targuer de ce nom sacré , comme ils le firent naguère , en escamotant par la fourbe, en arrachant par la violence peut être, cette fameuse et *libérale* ordonnance du 5 septembre qui , comme nul n'en doute, a perdu la France ! Preuve irréfragable, que si le ministre a mis les colléges sous l'oppression , le ministère tout entier amis le roi sous le joug.

Mais quel ministre n'a pas d'esclaves ? Parmi ceux que leur mauvais instinct, ou leur fâcheuse position a rendu complices subalternes de celui des finances, complice en chef du ministre de la police : citons le directeur-général des domaines, qui, oubliant que son administration est toute matérielle, toute positive, s'avise de trancher du politique transcendant, et se croit un législateur, pour avoir frotté sa circulaire contre une instruction législative. Citons encore (et celui-ci est bien autrement coupable, bien autrement ridicule) ; citons un directeur particulier qui s'oublie au point d'écrire textuellement : « que l'intention du roi et des mi-

» nistres est que tous les fonctionnaires publics
» contribuent de tous leurs moyens à ce qu'il
» soit fait de bons choix. » Or, l'on n'ignore
point, d'une part, ce que ces Messieurs enten-
dent par *de bons choix ;* et de l'autre, ce qui
confirme cette induction, c'est la ligne affreuse
qui clôt l'affreuse lettre du directeur particulier : « Si un fonctionnaire public s'écartait de
ses devoirs, *il perdrait* SANS RETOUR *la confiance du gouvernement.* » Eh bien! bonnes
gens, qui ne croyez jamais au mal qui le lende-
main de ses ravages, croirez vous enfin à celui-
ci? Est-il réunion de circonstances qui puisse
le rendre plus mortel et plus contagieux? C'est
un chef, et un chef de finances, qui écrit à ses
employés; qui les invite, c'est-à-dire qu'il leur
prescrit, de contribuer de toute *leur influence*
(l'influence des financiers!) au bon choix des
députés, et qui les menace « de perdre *sans*
» *retour* la confiance du gouvernement, si un
» fonctionnaire public s'écartait de son devoir.»
Ceux qui ne verraient pas, dans ces paroles,
séduction, subornation, corruption, sont déci-
dés à ne rien voir; car ce triple délit saute aux
yeux.

Je ne dis rien de la marche oblique, de
l'allure tortueuse, des sinueuses ramifications

qu'affecte ici, que developpe là, le système mi-
nistériel. En rapportant certaine lettre de
Montbrison, j'ai convaincu les plus incrédules,
non seulement de l'existence du système, mais
de l'indigne ascendant qu'il a exercé jusque
sur les plus infirmes individus. S'il a commencé
par dompter le ministre des finances, comment les gardes - forestiers lui auraient - ils
échappé ? Je répète que c'est un filet élastique
qui s'étend pour envelopper les daims et les
cerfs, et qui se resserre pour étrangler les
lièvres et les lapins. Oh ! le ministre est un habile chasseur !

Nous arrivons aux commissaires envoyés
pour *travailler* les élections ; et travailler est
bien le mot ; car s'il est exhumé du vocabulaire
de 93, l'opération est digne du régime con-
ventionnel. Ces commissaires , avec des pouvoirs d'une étendue inconnue, montraient les
uns aux autorités : c'étaient les pouvoirs écrits
en termes généraux et ostensibles ; exerçaient
les autres à bas bruit, et le plus souvent par
une influence orale. Au caractère de cet apos-
tolat, qui ne reconnaîtrait ces missionnaires
de sinistre mémoire, dont l'apparition signala
l'époque de chaque crise révolutionnaire,
comme celle des corbeaux annonce la pré-

sence d'une curée? C'était une riche proie en effet que tous les colléges à envahir, à dépecer, à se soumettre!

Il paraît que la nomenclature de ces oiseaux de proie parcourt toute l'échelle alphalbétique; mais descendre d'A à Z, serait bien fastidieux, bien dégoutant. L'élégant rédacteur de la dénonciation, ménage notre délicatesse; et de tout ce dictionnaire d'iniquités, il ne nous fournit qu'une première livraison. A, B, C, sont les trois lettres qui ont désolé dix départemens du centre, quelques-uns du Nord et plusieurs du Midi. A. s'est opposé à l'élection de M. de Bonald, qui est élu; B. a menacé de destitution ceux qui concourraient au choix de M. de Vitrolles qui, n'ayant pas quarante ans, ne pouvait être choisi; C. demandait l'exclusion de M. de Castel de Bajac qui a été admis. Voilà des commissaires bien subtils et des colléges bien dociles! Il est vrai que le ministère indigné, a voulu faire arrêter ces zélateurs mal adroits; et, en vérité, leur ineptie méritait bien un si sublime courroux. Néanmoins, M. de Châteaubriand persiste à inculper les uns, comme à régenter les autres; et en fait de dénonciations, comme de politique, il reste obstinément à l'A, B, C.

Passons maintenant aux préfets, dit l'auteur : passons-y avec lui. Celui d'Arras est coupable, car il a écrit ce passage, *maintenant si connu* (ajoute bénignement le noble pair) : « je suis « autorisé à le dire, à le répéter, à l'écrire : » le roi verra avec mécontentement siéger » dans la nouvelle chambre ceux des députés » qui se sont signalés dans la dernière session » par un attachement prononcé à la majorité » opposée au gouvernement. » Sentez-vous, lecteur, l'importance , le poids de ces cinq mots : *le roi verra avec mécontentement ?* Si tel est le sentiment du roi, nous venons de démontrer quel cas on en devait faire; si telle n'est pas sa pensée, combien sont impudens ceux qui lui prêtent la leur! Quel indice plus manifeste de crime dans le premier cas; dans le second, quelle preuve plus palpable de complicité! On pourrait peut être objecter que, pour concourir à des lois *harmoniées* avec la charte et le gouvernement, le monarque doit désirer, dans la chambre, une majorité qui ne leur soit point opposée ; on pourrait ajouter, qu'à titre de premier et d'hériditaire représentant de la nation , le chef de la monarchie représentative semble avoir le droit moral autant que constitutionnel de diriger les choix sur des repré-

4.

sentans temporaires, dont les principes, les opinions, la conduite politique, garrantissent leur marche législative. Tout cela est fort bien, en l'envisageant d'une certain côté ; mais pour un certain parti, qu'est-ce qu'une observation raisonnable, qu'est-ce qu'une objection constitutionnelle ?

Si le préfet du Pas-de-Calais est coupable, c'est bien autre chose du préfet de Vaucluse ; et la cause est explicable, si l'on juge de la culpabilité par le climat, et qu'on mesure les délits sur le thermomètre. M. le préfet d'Arras écrit avec le flegme septentrional : « Venez chez moi...... vous y connaîtrez la pensée du roi. » Dans cette invitation froide et polie, on peut démêler l'intention d'influer sur les suffrages, peut être même de les obtenir, en vuidant un pot de bierre de Louvain. M. le préfet de Vaucluse les arrache, les enlève, se les adjuge avec tout l'emportement d'un homme du Midi. Il exclut formellement M. de Forbin, et présente non moins expressement M. de Liautaud ; tout cela, bien entendu, au nom du roi. Il en a été de même de M. de Clermont ; et si vous en doutiez, lisez la plainte de M. de Clermont au procureur-général, et la dénonciation de M. de Forbin au ministre. Pas de doute que de ces pièces, il ne sorte deux énormes procès criminels et politiques, pour lesquels plus d'une jolie femme a retenu une tribune à la cour royale, et dont l'épigrammatiste Martainville rendra compte dans le feuilleton des mélo-drames.

Le préfet du Lot.... Oh ! quant au préfet du Lot, il n'y a pas moyen de le défendre, il y aurait de la démence à l'excuser. *La Quoti-dienne* a fait connaître à l'univers la dénoncia-tion de MM. la Chaise – Murel et Siryeys, de laquelle il *conste* : « que le préfet de Cahors a » toujours protégé les hommes coupables ; que » depuis vingt - cinq ans, l'influence révolu-» tionnaire régit son département ; que les » sous-préfets, ses agens, professent les mêmes » principes ; et que presque tous les membres » des trois tribunaux (dont deux n'ont pas reçu » l'institution royale, à cause de leur félonie), » n'ont connu que la volonté de cet adminis-» trateur et leur ambition particulière. » De plus, à l'époque du 5 septembre, des libelles diffamatoires contre la chambre des députés ont été distribués abondamment ; des lettres ont été écrites par le préfet aux maires et aux électeurs ; des propos révolutionnaires ont été propagés par les autorités civiles et militaires.

Autres griefs: le sous - préfet de Figeac et le procureur du roi mandent chez eux les électeurs; ils emploient les menaces et les séductions; ils osent dire que les députés veulent faire revenir les droits féodaux et la dîme; que le roi n'en veut plus; (comme s'il n'était pas de notoriété publique que le roi, qui feint de les détester, en desire, en provoque secrètement le retour, comme le prouve l'article 9 de la charte). Dans le délire de ces intrigues révolutionnaires, les nobles sont proscrits, M. le comte Lezai-Marnésia est nommé, aussi bien que MM. Barrairon, directeur-général des domaines, Colmon, administrateur, et Verninac, *gendre d'un régicide*. Cent autres moyens aussi vils, plus méprisables, non moins criminels, sont employés par le préfet, tant pour exclure les royalistes, que pour faire nommer les révolutionnaires. Mais un délit qui met le comble à tous les autres, et si l'on veut bien, dans une matière si grave, permettre un jeu de mot qui en éclaircisse le sérieux, un délit qui *les couronne* tous, c'est que pour récompenser le zèle révolutionnaire du préfet, les habitans de Saint-Ceré l'ont reçu sous un arc-de-triomphe, et lui ont décerné (attentat immense, incroyable, impossible!) *une couronne tricolore!..... Ici,* la plume tombe des mains : on pâlit, on tremble d'effroi, et l'on se demande, en se tâtant, si tandis que la monarchie des lys est à Paris, l'empire, ou la république tricolore n'est point à Saint-Ceré ? A l'énormité de ces accusations positives, veut-on connaître ce que M. de Marnésia oppose ? Une décision de la chambre des députés qui, écartant le mémoire des électeurs dissidens et la dénonciation de MM. Siryeys et Lachaise-Murel, l'admet, lui comte Marnésia, dans le sein de la représentation nationale ! De plus, un jugement du tribunal de Saint-Ceré, qui déclare faux l'imputation de la couronne tricolore, et punit comme calomniateur le commandant de la garde nationale de Figeac qui l'a imaginée ! Belles autorités et plaisantes décisions ! comme si l'on n'avait pas antérieurement posé en fait que les tribunaux du Lot étaient révolutionnaires ; et comme si une chambre de députés, fruit de l'intrigue ministérielle, pouvait et devait avoir une opinion dans une litige où elle est juge et partie ! Reste d'ailleurs celle du sieur de Verninac, que tous les syllogismes de l'école, pas plus que toutes les arguties diplomatiques, n'empêcheront jamais d'*être gendre d'un régicide*. Si, à l'ombre de ses bois, au courant d'un clair ruisseau, il relit par fois Lafontaine, qu'il fasse un onglet à la fable du *Loup et de l'Agneau* : « *Si ce n'est toi, c'est donc ton père !....* »

La part des présidens de colléges sera moins ample que celle des préfets : ceux-ci sont accusés de complicité dans l'oppression ; les autres ne le sont que dans l'influence. Tous, en effet, sont nommés par la portion monarchique du pouvoir représentatif, afin de conserver à cette portion, sa connexion avec la portion démocratique des assemblées électorales. Ces dernières tendraient nécessairement à la démagogie, si, en opposition avec leur turbulence nécessaire, leurs brigues inévitables, elles ne présentaient dans leur président, choisi par l'autorité unique pour tenir sa place, un contre-poids, semblable à celui de la balance romaine qui équivaut, par son volume, à l'étendue du levier. Les présidens sont donc médiocrement inculpés. Toute la France a lu avec intérêt leurs harangues paternelles ; elle a répété avec attendrissement les touchantes paroles du vieillard couronné *qui demande à ses peuples de rendre à ses derniers jours la tranquillité dont il cherche à les faire jouir.* A l'exception de trois honorables membres qui, selon M. de Châteaubriand, ont eu à se plaindre, toute la France a pleuré; et quelles objections y a-t-il contre les larmes?

La complicité des commissaires de police se réduit à un redoublement de surveillance, à un *aiguisement* de perspicacité, peut-être même à un développement plus étendu de manœuvres adroites, ou de mesures sévères. Dans quel sens ont-elles été dirigées? L'accusation laisse entendre que ce fut à l'exclusion des amis du roi, et en faveur des amis de l'anarchie. La composition de la nouvelle chambre a déjà répondu à cette induction odieuse; ses opérations y répondront encore mieux.

En dernier résultat, si l'on en croit le système de la dénonciation, c'est avec des destitutions et des menaces, des exclusions et des préférences, des désignations et des refus, des congés ôtés et des surveillances levées, qu'on a influencé, opprimé, *travaillé les élections* Qu'en est-il advenu? Que des jacobins se sont montrés; qu'un bonnet-rouge a été nommé scrutateur; qu'un agent de l'ancienne police a voté; qu'un représentant de 1815 a été fait candidat; qu'un, deux, trois, quinze autres ont été élu députés: ce qui met le royaume en péril, autant qu'en déshonneur; attendu que toute cette chambre de 1815 était, comme on sait, composée de bonapartistes qui n'ont feint de trébucher Bonaparte de son trône éphémère, que pour l'y inaugurer plus sûrement sous le gouvernement du roi.

Quant aux partis mis en présence et qui se regardent en se menaçant, il faut convenir que la petite guerre des pamphlets les découvre, les signale beaucoup mieux que toute l'agitation et toutes les cabales des assemblées. Mais en cela, quel mal si grand? N'est-il pas plus sûr, comme plus honnête, de montrer sa face que de cacher son cœur? A la suite des tourmentes qui ont marqué le demi-siècle qui vient de mourir, peut-on espérer un repos semblable à celui de la moitié du règne de Louis xv? Cette tranquillité-d'ailleurs, ou plutôt cette apathie, serait-elle bien honorable et bien avantageuse? Puisque, par l'heureuse issue d'une révolution fatale, et par les bienfaits de la charte qui la termine, chacun de nous est appelé comme citoyen, comme électeur, comme juré, comme membre des conseils-généraux, comme représentant, à s'occuper de l'affaire publique devenue sa propre affaire, ne serait-il pas scandaleux qu'en l'accomplissant, on n'en parlât pas? Et chez un peuple dont la tête est vive, le cœur chaud et la langue *voluble*, parler, c'est discuter, c'est quelquefois disputer, c'est presque combattre. Heureux combats, où d'accord sur l'objet, on ne diffère que par les moyens! Que l'autorité doit les regarder avec complaisance! Assise sur le cube constitutionnel qui termine la pyramide sociale, elle voit se remuer au-dessous d'elle tous les rangs agités : ceux du sommet usent les degrés en voulant les gravir, tandis que ceux de la base la salissent, quand ils ne peuvent l'ébranler. Honneur et bénédiction aux paisibles classes du milieu! Leur nombre, leur force, leur tranquillité font celle de l'édifice, que l'autorité, immobile au faîte, gouverne, en proclamant sans cesse la volonté et la raison de ses habitans.

J'arrive au complément de cette réfutation; et si je m'y montre court et tranchant, c'est qu'après avoir enlevé du bizarre édifice que j'attaque, le ciment mal lié qui joint, sans les unir, les pierres informes qui le composent, il ne me faut qu'un soufle pour le renverser. Dans cette position, je reprends les points de l'accusation, que j'ai réduits à neuf chefs méthodiques pour la classification et la clarté des idées, et pour la facilité des lecteurs.

Ier CHEF : 1°. A la suite des troubles, dont le ressentiment nous agite encore, les élections *ont dû être dirigées* par le gouvernement ; *elles ont pu être influencées* par l'autorité administrative. Durant quelques années encore, il est bon de suivre cette marche, qui est tout à-la-fois politique et morale, et qui n'est ni anti-nationale, ni anti-constitutionnelle. Dans aucun cas toutefois, et sous aucuns prétextes, le gouvernement, ni ses agens spéciaux, ni l'administration *ne doit prescrire ou défendre les élections.* Il est faux que, cette année, elles aient été *défendues* ou *prescrites.*

2°. Quoiqu'influencées et dirigées, mais non commandées on défendues, on conçoit que *les élections ont été libres.* Inviter, n'est point prescrire.

3°. Tous les électeurs qui ont donné leur suffrage, *avaient droit de voter.*

4°. Ceux qui ont été éconduits, *n'avaient pas droit de suffrage.*

IIe CHEF. Les députés, fournis par des *candidatures* légales, nommées elles-mêmes par des assemblées constitutionnelles, *ont été élus légalement.*

IIIe CHEF. Quoique trois départemens n'aient point choisi de députés ; quoique quelques colléges n'aient porté leurs élections, les uns qu'au tiers, les autres qu'a la moitié, *la chambre est complète.* La doctrine qui ferait des représentans de la nation les députés de tels départemens, est anti-nationale, déraisonnable, anti-constitutionnelle. La chambre, collectivement chargée des intérêts de la propriété, exerce dans son ensemble, et par sa majorité constitutionnelle, l'action démocratique dans la confection des lois. Un député n'est rien, une députation est nulle; la chambre réunie forme seule la troisième branche de la législature, qui est une des facultés de la monarchie représentative. Je dis *facultés*, (et il y en a trois : la faculté législative, la faculté exécutive, la faculté judiciaire), et non *pouvoir;* il n'y en a qu'un : le pouvoir souverain, qui est la collection des volontés privées, exprimées par une seule bouche, exercées par un seul bras, organe et instrument de la raison et de la force publique. C'est de ce *pouvoir* qu'émanent, et auquel remontent toutes les *facultés.*

IVe CHEF. La chambre des députés, *constitutionnelle* par son origine, *légale* dans sa formation, *complète* par le nombre de ses membres, *a les trois caractères de la légitimité. La nation est donc* constitutionnellement, légalement et complètement *représentée.*

Ve CHEF. Si les élections ne sont pas l'œuvre du ministre, si la représentation n'est pas composée de ses créatures, la chambre *ne sera pas nécessairement son instrument.*

VIe CHEF. Il faunrait contester tous ces points démontrés, et prouver leurs contraires pour établir que la charte a été violée dans une de ses bases fondamentales : *la charte n'a pas été violée.*

VIIe CHEF. Ainsi *les droits* de la nation *n'ont point été enchaînés*, et *ne sont pas usurpés.*

VIIIe CHEF. Ainsi *la liberté* publique *n'est point anéantie ;* elle *n'est pas* même *suspendue.* La loi du 29 octobre va recevoir de consolantes restrictions; et la liberté de la presse, plus étendue et mieux entendue, ne dégénérera plus en licence sous la plume assez souvent mercenaire, quelquefois capricieuse, et presque toujours partiale des journalistes et des orateurs de pamphlets.

IXe CHEF. Donc, *le despotisme n'existe pas.*

1° Il n'est point dans le ministére.

2° Il n'a pas pour organe et pour instrumens le ministre de la police et ses agens publics ou secrets.

3° Ce ministre ne subsitue pas ses actes arbi.

traires à la volonté royale. Il n'a mis ni la charte sous le voile, ni le roi en tutèle, ni la nation sous le joug, ni la monarchie en péril, ni l'opinion au secret.

4° La sagesse du roi a calmé la France inquiète. La fermeté de son gouvernement a sauvé le système représentatif, étrangement compromis. L'action adroite et forte du ministre a déconcerté les factions, jeté les partis dans l'humiliation, le silence et le discrédit. Des élections, elle a fait sortir une chambre qui honorera la patrie par sa modération, et justifiera son choix, moins par le luxe des talens, que par l'utilité des vertus.

Alors, aux théories de la charte, qui semblent transporter dans la métaphysique les dangereuses controverses des révolutions, succédera une charte-pratique, terme des unes comme des autres, gage de gloire paisible, époque d'inaltérable prospérité.

5° Les faits prouveront ce que les raisonnemens ont démontré : que loin d'être coupable, le ministre a bien mérité du roi et de la patrie.

Tout semble concourir au triomphe de ces principes. Tandis que la France, lasse du joug sanglant de l'anarchie et du sceptre de fer des tyrans, cherche le bonheur dans le repos, et reprend sa dignité par la modération, l'Europe assez heureuse pour éviter nos excès, va jouir de nos avantages, sans avoir connu nos malheurs. De toutes parts l'ordre constitutionnel qui se développe, tue le despotisme, prévient la rébellion, garantit la liberté. Nous avions donné le signal, un Sage couronné l'a répété à l'Europe attentive; et ce sénat de rois, que l'histoire contemple, après avoir, sur l'autel de la raison, brisé les dernières chaînes féodales, va s'honorer enfin de commander à des hommes. (1) Méritons ce beau nom, justifions le titre de citoyens par notre attachement aux principes de la charte, dépositaires de nos droits et garantie de nos intérêts.

-----

(1) Sur ce grave objet, que les délibérations de la diette de Francfort vont rende plus important encore, consultez deux ouvrages nouveaux, dont l'un intitulé : *De l'état présent de l'Europe*, par M. Théremin, offre le moyen de fonder l'équilibre de cette première partie du monde social, sur l'accord de la liberté et de la légitimité; et dont l'autre, qui a pour titre : TABLEAU POLITIQUE DE L'ALLEMAGNE, par M. Scheffer, présente des points de vue neufs et piquans, sur-tout des connoissances positives sur le vaste empire germanique. (Ces deux ouvrages se vendent chez *Plancher*.)